ALPHABET

SYLLABIQUE,

FRANÇAIS ET LATIN,

OU

MÉTHODE

INGÉNIEUSE ET FACILE

POUR APPRENDRE A LIRE EN PEU DE TEMS;

Très-utile à la Jeunesse, tant pour la Lecture que pour la bonne Orthographe, et très-soulageante pour les Maîtres et Maîtresses qui instruisent les Enfans.

A BREST,

Chez MICHEL, Imprimeur du ROI, et Libraire, Place du Champ-de-Bataille, N°. 31.

1817.

Lettres courantes, Romain.

a, b, c, d, e, é, è, ê, f, g, h, i, j, k, l, m, n, o, p, q, r, s, t, u, v, x, y, z, etc., æ, œ, w, ç.

Lettres capitales, Romain.

A, B, C, D, E, F, G, H, I, J, K, L, M, N, O, P, Q, R, S, T, U, V, X, Y, Z, AE, ŒE, W, Ç.

Lettres courantes, Italique.

a, b, c, d, e, f, g, h, i, j, k, l, m, n, o, p, r, s, t, u, v, x, y, z, æ, œ, w, ç.

Lettres capitales, Italiques.

A, B, C, D, E, F, G, H, I, J, K, L, M, N, O, P, Q, R, S, T, U, V, X, Y, Z, Æ, OE, W, Ç.

Les cinq Voyelles dont chacune forme un son ou une syllabe.

*L'*y *grec n'est autre chose qu'un* i.

a, e, i, o, u *a, e, i, o, u.*

Les dix-neuf Consonnes qui ne font point de syllabes, si elles ne sont jointes avec une des voyelles.

b, c, d, f, g, h, j, k, l, m, n, p, q, r, s, t, v, x, z.

b, c, d, f, g, h, j, k, l, m, n, p, q, r, s, t, v, x, z.

Lettres liées ensemble.

ff fl ffl fi ffi æ œ w.

ff fl ffl fi ffi æ œ w.

Signes d'Abréviation.

ã	*vaut*	am,	*ou*	an.
ẽ	*vaut*	em,	*ou*	en.
ĩ	*vaut*	im,	*ou*	in.
õ	*vaut*	om,	*ou*	on.
ũ	*vaut*	um,	*ou*	un.

Lettres Françaises ou Rondes.

a, a, b, c, d, e, e, f, g, h, h, i, i,

j, j, k, l, l, m, n, n, o, p, p, q, r, r, s,

s, t, t, u, v, v, x, y, z, et, ff, ffl.

Capitales.

A, B, C, D, E, F, G, H, I, J,

K, L, M, N, O, P, Q, R, S,

T, V, V, X, Y, Z.

Six Voyelles.

a, e, i, o, u, y.

Dix-neuf Consonnes.

b, c, d, f, g, h, j, k, l, m, n, p, q, r, s, t,

v, x, z.

Onze Muettes.

bé, cé, dé, ef, gé, je, ka, pé, qu, té, re.

a, e, i, o, u, sans le secours d'aucune autre lettre, font un son ou une syllabe.

Ba	be	bé	bê	bi	bo	bu.
Ca	ce	cé	cê	ci	co	cu.
Da	de	dé	dê	di	do	du.
Fa	fe	fé	fê	fi	fo	fu.
Ga	ge	gé	gê	gi	go	gu.
Ha	he	hé	hê	hi	ho	hu.
Ja	je	jé	jê	ji	jo	ju.
La	le	lé	lê	li	lo	lu.
Ma	me	mé	mê	mi	mo	mu.
Na	ne	né	nê	ni	no	nu.
Pa	pe	pé	pê	pi	po	pu.
Ra	re	ré	rê	ri	ro	ru.
Sa	se	sé	sê	si	so	su.
Ta	te	té	tê	ti	to	tu.

Va ve vé vê vi vo vu.
Xa xe xé xê xi xo xu.
Za ze zé zê zi zo zu.

Syllabes de trois Lettres.

Bla ble blé blê bli blo blu.
Bra bre bré brê bri bro bru.
Cha che ché chê chi cho chu.
Cla cle clé clê cli clo clu.
Cra cre cré crê cri cro cru.
Dra dre dré drê dri dro dru.
Fla fle flé flê fli flo flu.
Fra fre fré frê fri fro fru.
Gla gle glé glê gli glo glu.
Gra gre gré grê gri gro gru.
Gua gue gué guê gui guo guu.
Pha phe phé phê phi pho phu.
Pla ple plé plê pli plo plu.
Pra pre pré prê pri pro pru.
Qua que qué quê qui quo quu.
Spa spe spé spê spi spo spu.
Sta ste sté stê sti sto stu.
Tla tle tlé tlê tli tlo tlu.
Tra tre tré trê tri tro tru.
Vla vle vlé vlê vli vlo vlu.
Vra vre vré vrê vri vro vru.

Syllabes de quatre et cinq Lettres.

Bail	beils	bins	bons	burs.
Cais	cens	cins	cors	crus.
Chra	chre	chri	chro	chru.
Dais	dens	dins	dont	duns
Font	fers	fint	fort	furt.
Gard	gers	gins	gons	guet
Hail	heis	heins	hours	hues.
Jais	j'eus	j'ins	j'obs	just
Lains	lens	lins	lons	lues.
Mais	mens	mins	mons	murs.
Nain	ners	nirs	nois	nues.
Pais	pen	pins	pont	purs.
Quais	ques	quin	qu'on	qu'un.
Rait	reil	rins	ronts	ruts.
Sain	sens	sins	sont	stru.
Vair	vens	vins	vons	vues.

Syllabes de deux Lettres.

Ba	be	bé	bê	bi	bo	bu.
Ca	ce	cé	cê	ci	co	cu.
Da	de	dé	dê	di	do	du.

Fa fe fé fê fi fo fu.

Ga ge gé gê gi go gu.

Ha he hé hê hi ho hu.

Ja je jé jê ji jo ju.

La le lé lê li lo lu.

Ma me mé mê mi mo mu.

Na ne né nê ni no nu.

Pa pe pé pê pi po pu.

Ra re ré rê ri ro ru.

Sa se sé sê si so su.

Ta te té tê ti to tu.

Va ve vé vê vi vo vu.

Xa xe xé xê xi xo xu.

Za ze zé zê zi zo zu.

Vous venez de voir les syllabes, qui sont un amas de Lettres qui forment un son. Toutes les dix-neuf Consonnes ne font aucun son sans le secours d'une des Voyelles, qui sont :

a, e, i, o, u.

Mon cher enfant, vous connaissez vos lettres, vous savez épeler des syllabes et des mots; il faut maintenant apprendre à lire. Travaillez à cela avec courage pour devenir un bon Chrétien, un bon Citoyen, et pour savoir mettre ordre à vos affaires.

Faites usage de votre raison, et concevez que Dieu vous a créé pour le connaître, l'aimer et le servir, et par ce moyen arriver à la vie éternelle.

Il faut auparavant passer par cette vie mortelle, où vous voyez et verrez que l'on a bien de la peine.

On vous apprendra comment, depuis le péché originel, Dieu à condamné tous les hommes au travail.

Celui qui ne travaille point, et qui ne veut point travailler, ne sert point Dieu, et ne l'aime point; car une telle paresse est un péché mortel.

L'homme est né pour travailler comme l'oiseau pour voler.

Celui qui ne veut point travailler n'est pas digne de manger.

Qui est oisif dans sa jeunesse travaillera dans sa vieillesse.

Vous ne savez, mon cher Enfant, si votre vie sera longue ou courte.

Travaillez comme si vous deviez vivre long-tems.

Vivez comme si vous deviez mourir bientôt.

Vos parens vous ont donné la naissance; ils ont pris bien de la peine pour vous, pendant que vous ne pouviez ni marcher ni parler.

Vos bons et chers parens vous fournissent la nourriture, le vêtement et toutes choses.

Vos aimables parens espèrent présentement que vous apprendrez ce qui vous est nécessaire pendant le cours de votre vie.

Cette vie est pleine d'affaires et d'embarras, qui vous causeront de la peine, si vous ne savez bien parler, bien lire et bien écrire.

On estime une personne qui sait bien parler, bien lire et bien écrire; on dit qu'elle a reçu une bonne éducation.

Celui qui ne sait point ces choses est regardé comme un homme de néant. On se moque de celui qui parle mal. Celui qui ne sait point lire, est aveugle la moitié du tems. De quoi est-on capable quand on ne sait point écrire?

Ecoutez avec respect et avec

attention ceux qui vous enseignent; ne les attristez point, ne les faites point mettre en colère : s'ils sont obligés de vous châtier, recevez la correction avec humilité. Le Saint-Esprit a dit que la folie est attachée au cou de l'enfant, et que la verge ou la correction la chassera. Regardez-les comme des Envoyés de Dieu pour vous donner l'éducation souverainement nécessaire, et la plus douce consolation des misères de la vie.

LES LIVRES sont faits pour votre instruction.

Tous les Livres sont composés de vingt-cinq lettres.

Les cinq lettres, *a*, *e*, *i*, *o*, *u*, sont des voyelles, parce que chacune fait un son ou une syllabe.

Les dix-neuf lettres, *b*, *c*, *d*, *f*, *g*, *h*, *j*, *k*, *l*, *m*, *n*, *p*, *q*, *r*, *s*, *t*, *v*, *x*, *z*, sont des consonnes, parce qu'elles ne signifient rien, si elles ne sont mises avec une des cinq voyelles.

Avec ces vingt-cinq lettres on fait des syllabes et des mots.

Une syllabe, c'est plusieurs lettres ensemble, qui font un son : *ba*, *ce*, *di*, *fo*, *gu*, etc., sont des syllabes.

Accoutumez-vous à bien prononcer les syllabes, cela est de conséquence pour l'écriture.

Il faut, mon cher Enfant, à présent connaître toutes les Ponctuations et Accens, pour savoir lire et écrire correctement et avec grâce.

Diphtongues.

ai, au, ei, eu, ay, æ, œ.

Les trois Accens, ou Esprits.

Cet Accent (´) s'appelle *Aigu*.
Cet Accent (`) s'appelle *Grave*.
Cet Accent (^) s'appelle *Circonflexe*.

Cette figure ('), *entre deux lettres,*

s'appelle Apostrophe, *et tient lieu d'un* a *ou d'un* e *qui est retranché.*

L'a, l'e, l'i, l'o, l'u; l'ame, etc.

Cette figure (-) *s'appelle* Division.

Très-beau, très-bon, très-cher.

Les Ponctuations.

Cette figure (,) s'appelle *Virgule.*
Cette figure (;) s'appelle *Point et Virgule*, ou *Petit-qué.*
Cette figure (:) s'appelle *deux Points*, ou *Coma.*
Cette figure (.) s'appelle *Point.*
Cette figure (!) *Point admiratif.*
Cette figure (?) *Point interrogant.*
ë Tréma, ï Tréma, ü Tréma.

Voilà les différens caractères.

Usage des Accens.

L'accent aigu (ʹ) se met sur les *é* fermés : *préparé*, *aimé*, *loué*, *adoré*, *jugé*, etc.

Dans les mots ou noms qui ont deux *ée* à la fin, on met l'accent aigu (/) sur le premier : *aimée*, *aînée*, *louée*, *adorée*.

L'accent grave (\ ) se met sur *à* qui est particule, article ou préposition : *à Pierre*, *à Paris*, *à côté*, *à travers*, *à venir*, *à faire*, etc.

L'accent grave (\ ) se met sur *là*, qui marque quelque lieu : *il est là*, *il va là*, etc.

L'accent grave ne se met point sur la troisième personne du verbe AVOIR : *a fait*, *a dit*, *a voulu*, *a conçu*, etc.

L'accent grave se met sur *où*, quand il signifie quelque lieu : *où est-il ? où va-t-il ?* etc.

L'accent grave se met sur *è* qui est à la fin de certains mots qui se prononcent comme ceux-ci : *accès*, *procès*, etc.

L'accent circonflexe se met sur les syllabes prononcées longues : *blâme*, *être*, *abîme*, *prône*, *goût*. Cet accent circonflexe tient lieu d'une *s* que l'on y mettait autrefois.

Usage

Usage de l'Apostrophe (').

Dans ces petits mots, *je, le, me, ne, se, te, que*, mis devant des mots qui commencent par une voyelle, on retranche *a* ou *e* par le moyen de cette figure ('), appelée apostrophe : *l'ame, j'interroge, m'oblige, n'aime, s'unit t'avertit, qu'il, qu'elle*, etc.

Usage des Lettres Capitales.

Il faut mettre une lettre capitale au nom de *Dieu*. On écrit ainsi Jésus-Christ.

On met une lettre capitale à tous les noms propres.

Noms propres : Pierre, Marie, Joseph, Turenne, Bayard, etc.;
de Royaumes : la Prusse, etc.;
de Villes : Paris, Rouen, etc.;
de Rivières : la Seine, etc.;
de Dignités : Empereur, Roi, Evêque, Président, etc.;
d'Arts : Peintre, Graveur, etc.;
de Métiers : Mercier, Pâtissier;

de Fêtes : Pâques, Pentecôte ;
de Jours : Lundi, Mardi, etc. ;
de Mois : Janvier, Février, etc.

Tout écrit ou discours, de quelque nature qu'il soit, se commence par une lettre capitale.

On met une lettre capitale après un point, lorsqu'on commence une nouvelle phrase.

A tous les alinéa, ou toutes les fois qu'on recommence à la ligne, on met une lettre capitale.

Tous les vers se commencent par une lettre capitale.

Pour lire avec bonne grâce, on vous apprendra que les mots qui finissent par une consonne, quand ils sont devant d'autres mots qui commencent par une voyelle, doivent être prononcés comme si les deux mots n'en faisaient qu'un seul. Exemple : *mon ame*, *mon esprit*, *tout esprit*, *vont avec*, *vont ensemble*, et autres semblables.

Les sept Demandes de l'Oraison Dominicale.

1. NOTRE Pè-re qui ê-tes dans les Ci-eux, que vo-tre nom soit sanc-ti-fi-é.
2. Que vo-tre rè-gne ar-ri-ve.
3. Que vo-tre vo-lon-té soit fai-te en la ter-re com-me au Ci-el.
4. Don-nez-nous au-jour-d'hui no-tre pain quo-ti-di-en,
5. Et nous par-don-nez nos of-fen-ses, com-me nous par-don-nons à ceux qui nous ont of-fen-sés;
6. Et ne nous a-ban-don-nez point à la ten-ta-ti-on,
7. Mais dé-li-vrez-nous du mal.

Ain-si soit-il.

La Salutation Angélique.

JE vous sa-lue, Ma-rie, plei-ne de grâ-ce, le Sei-gneur est a-vec vous, vous ê-tes bé-nie en-tre tou-tes les fem-mes, et JÉ-SUS, le fru-it de vo-tre ven-tre, est bé-ni.

Prière à la Sainte Vierge.

Sain-te Ma-rie, Mè-re de Di-eu, pri-ez pour nous, pau-vres pé-cheurs, main-te-nant et à l'heu-re de no-tre mort. Ain-si soit-il.

Les douze articles du Symbole, ou de la Foi.

1. JE crois en Di-eu le Pè-re tout-puis-sant, Cré-a-teur du Ci-el et de la ter-re,
2. Et en Jé-sus-Christ, son Fils u-ni-que, no-tre Sei-gneur,
3. Qui a é-té conçu du Saint-Es-prit, et est né de la Vi-er-ge Ma-rie;
4. Qui a souf-fert sous Pon-ce-Pi-la-te, a é-té cru-ci-fi-é, est mort et a é-té en-se-ve-li.
5. Est des-cen-du aux en-fers; le troi-si-ème jour, est res-sus-ci-té des morts;
6. Est mon-té aux Ci-eux, est as-sis à la droi-te de Di-eu, le Pè-re tout-puis-sant,

7. De-là vi-en-dra ju-ger les vi-vans et les morts.
8. Je crois au Saint-Esprit,
9. La sain-te E-gli-se Ca-tho-li-que, la Com-mu-ni-on des Saints.
10. La ré-mis-si-on des pé-chés.
11. La ré-sur-rec-ti-on de la chair.
12. La vie é-ter-nel-le.
Ain-si soit-il.

Un Enfant Chrétien doit voir chaque jour en quoi il a mal fait, et dire :

JE me con-fes-se à Di-eu tout-puis-sant, à la bi-en-heu-reu-se Ma-rie tou-jours Vi-er-ge, à Saint Mi-chel Ar-chan-ge, à Saint Jean Bap-tis-te, aux A-pô-tres Saint Pi-er-re et Saint Paul, à tous les Saints, et à vous, mon Pè-re, par-ce que j'ai beau-coup pé-ché, par pen-sées, par pa-roles et ac-ti-ons. Par ma fau-te, par ma fau-te, par ma très-gran-de fau-te. C'est pour-quoi je sup-plie la bi-en-heu-reu-se Ma-rie tou-jours Vi-er-ge, à Saint Mi-chel

Ar-chan-ge, Saint Jean-Bap-tis-te, les A-pô-tres Saint Pi-er-re et Saint Paul, tous les Saints, et vous, mon Pè-re, de pri-er pour moi le Seineur no-tre Di-eu.

Que le Sei-gneur tout-puis-sant et tout mi-sé-ri-cor-di-eux nous ac-cor-de le par-don, l'ab-so-lu-ti-on et la ré-mis-si-on de nos pé-chés.

Ain-si soit-il.

Les dix Commandemens de Dieu.

1. UN seul Di-eu tu a-do-re-ras, et ai-me-ras par-fai-te-ment.
2. Di-eu en vain tu ne ju-re ras, ni au-tre cho-se pa-reil-le-ment.
3. Les Di-man-ches tu gar-de-ras en ser-vant Di-eu dé-vo te-ment.
4. Tes pè-re et mè-re ho-no-re-ras, a-fin que tu vi-ves lon-gue-ment.
5. Ho-mi-ci-de point ne se-ras, de fait ni vo-lon-tai-re-ment.
6. Im-pu-di-que point ne se-ras, de corps ni de con-sen-te-ment.

7. Les bi-ens d'au-trui tu ne prendras ni re-ti-en-dras in-juste-ment.
8. Faux té-moi-gna-ge ne di-ras, ni men-ti-ras au-cu-ne-ment.
9. La fem-me ne con-voi-te-ras de ton pro-chain char-nel-le-ment.
10. Bi-ens d'au-trui ne dé-si-re-ras pour les a-voir in-jus-te-ment.

Les six Commandemens de l'Eglise

1. LES Fê-tes tu sanc-ti-fi-e-ras, qui te sont de com-man-de-ment.
2. Les Di-man-ches Mes-se en-tendras, et les Fê-tes pa-reil-le-ment.
3. Tous tes pé-chés con-fes-se-ras, à tout le moins u-ne fois l'an.
4. Ton Cré-a-teur tu re-ce-vras au moins à Pâ-ques hum-ble-ment.
5. Qua-tre-Tems, Vi-gi-les jeû-ne-ras, et le Ca-rê-me en-ti-è-re-ment.

6. Ven-dre-di chair ne man-ge-ras, ni le Samedi mê-me-ment.

C'est une espèce d'impiété de manger sans invoquer le nom de Dieu.

Bé-nis-sez-nous, Sei-gneur; et ce que vous nous don-nez pour la nour-ri-tu-re de nos corps, fai-tes-nous la grâ-ce d'en u-ser so-bre-ment. Au nom du Pè-re et du Fils, et du Saint-Es-prit. Ain-si soit-il.

Il y a de l'ingratitude à ne pas remercier Dieu après le repas.

Sei-gneur Di-eu, nous vous re-mer-ci-ons de ce qu'il vous a plu nous don-ner pour la nour-ri-tu-re de no-tre corps; con-ser-vez vo-tre grâ-ce dans nos a-mes, afin que nous puis-si-ons vous voir, vous lou-er et vous ai-mer dans tou-te l'é-ter-ni-té.

Que les a-mes des Fi-dè-les re-po-sent en paix par la mi-sé-ri-cor-de de Di-eu. Ain-si soit-il.

Oraison universelle.

MON Dieu, je crois en vous, mais fortifiez ma foi; j'espère en vous, mais assurez mon espérance; je vous aime, mais redoublez mon amour; je me repens d'avoir péché, mais augmentez mon repentir.

Je vous adore comme mon premier principe, je vous désire comme ma dernière fin, je vous remercie comme mon bienfaiteur perpétuel, je vous invoque comme mon souverain défenseur.

Mon Dieu, daignez me régler par votre sagesse, me contenir par votre justice, me consoler par votre miséricorde, me protéger par votre puissance.

Je vous consacre mes pensées, mes paroles, mes actions et mes souffrances, afin que désormais je pense à vous, je parle de vous, j'agisse selon vous, et je souffre pour vous. Seigneur, je veux ce que vous voulez, comme vous le voulez, et autant que vous le voulez.

Je vous prie d'éclairer mon entendement, d'embraser ma volonté, de purifier mon corps, et de sanctifier mon ame.

Mon Dieu, animez-moi à expier mes offenses passées, à surmonter mes tentations à l'avenir, à corriger les passions qui me dominent, et à pratiquer les vertus qui me conviennent.

Remplissez mon cœur de tendresse pour vos bontés, d'aversion pour mes défauts, de zèle pour mon prochain, de mépris pour le monde.

Qu'il me souvienne, Seigneur, d'être soumis à mes supérieurs, charitable à mes inférieurs, fidèle à mes amis, et indulgent à mes ennemis.

Venez à mon secours, pour vaincre la volupté par la mortification, l'avarice par l'aumône, la colère par la douceur, et la tiédeur par la dévotion.

Mon Dieu, rendez-moi prudent dans mes entreprises, courageux dans les dangers, patient dans les traverses, et humble dans les succès.

Ne me laissez jamais oublier de joindre l'attention à mes prières, la tempérance à mes repas, l'exactitude à mes emplois, la constance à mes résolutions.

Seigneur, inspirez-moi le soin d'avoir toujours une conscience droite, un extérieur modeste, une conversation édifiante, et une conduite régulière.

Que je m'applique sans cesse à dompter la nature, à seconder la grâce, à garder la loi, et à mériter le salut.

Mon Dieu, découvrez-moi quelle est la petitesse de la terre, la grandeur du ciel, la briéveté du tems, et la longueur de l'éternité.

Faites que je me prépare à la mort, que je craigne votre jugement, que j'évite l'Enfer, et que j'obtienne le Paradis par les mérites de notre Seigneur Jésus-Chrits Ainsi soit-il.

INVOCATION

De la Sainte Vierge, de nos Anges-Gardiens et de tous les Saints.

PRIONS.

ACCORDEZ-NOUS, s'il vous plaît, Seigneur Dieu, à nous qui sommes vos serviteurs, une santé perpétuelle de corps et d'esprit; et que par l'intercession de la sainte et glorieuse Marie, toujours Vierge, nous soyons délivrés des afflictions présentes, et jouissions un jour des joies éternelles.

Mon Dieu, qui, par votre providence ineffable, avez daigné envoyer vos Anges pour notre garde, accordez à nos très-humbles prières, que nous soyons toujours secourus ici-bas de leur puissante protection, et que nous soyons dans le Ciel les compagnons de leur félicité éternelle.

Nous vous prions, Seigneur, que tous vos Saints nous assistent, en quelque lieu que nous soyons, afin qu'honorant leurs mérites, nous obtenions de votre bonté, par leur puissante intercession, le secours de votre grâce qui les a sanctifiés dans ce monde, et la participation de la gloire dont ils jouissent dans l'autre, par Jésus-Christ notre Seigneur. Ainsi soit-il.

PRIONS *pour nos Parens, Amis, Bienfaiteurs, et généralement pour tous les Fidèles vivans ou morts.*

DIEU tout-puissant et éternel, qui êtes le souverain Maître des vivans et des morts, et qui faites miséricorde à tous ceux que vous connaissez devoir être du nombre de vos Elus par leur foi et leurs bonnes œuvres, nous vous supplions, avec une humilité profonde, que ceux pour qui nous vous offrons des prières, soit qu'ils soient encore en ce monde, environnés d'une chair mortelle, ou que, dépouillés de leurs corps, ils soient passés dans une autre vie, obtiennent de votre bonté, par l'intercession de tous vos Saints, la rémission de leurs péchés, par Jésus-Christ notre Seigneur. Ainsi soit-il.

Que le Seigneur dispose de nos jours, et qu'il établisse nos actions dans sa sainte paix; que le Seigneur nous bénisse et nous préserve de tout mal; qu'il nous conduise à la vie éternelle; et que les ames des fidèles qui sont morts reposent en paix par sa miséricorde. Ainsi soit-il.

LECTURE DU LATIN.

LEÇON POUR LA PRONONCIATION.

Latin.	Prononciation.	Exemples.	Prononciation.
a,	a.	*Hora,*	Hora.
ab, ad,	abe, ade.	*Ab, ad,*	Abe, ade.
ag,	ague.	*Agnus,*	Ague-nuce.
am,	ame.	*Musam,*	Musame.
an,	ane.	*Borean,*	Boréane.
ans,	ance.	*Vocans,*	Vocance.
ant,	ante.	*Amant,*	Amante.
as,	âce.	*Rosas,*	Rosâce.
at,	ate.	*Amat,*	Amate.
e,	é.	*Vere,*	Véré.
ei,	eï.	*Diei,*	Diéï.
em,	ème.	*Avem,*	Avème.
en,	ène.	*Volumen,*	Volumène.
ens,	ince.	*Prudens,*	Prudince.
ent,	inte.	*Legerent,*	Légérinte.
er,	ère.	*Pater,*	Pâtère.
es,	èce.	*Comites,*	Comitèce.
et,	ète.	*Docet,*	Docète.
i,	i, ï.	*Ubi,*	Ubi.
		Introit,	Introïte.
im,	ime.	*Velim,*	Vélime.
in,	ine.	*In,*	Ine.
inc,	inque.	*Abhinc,*	Abinque.
int,	inte.	*Dixerint,*	Dixérinte.
is,	ice.	*Turpis,*	Turpice.
it,	ite.	*Diligit,*	Diligite.

Latin.	Prononciation.	Exemples.	Prononciation.
o,	o.	*Deo*,	Déo.
ob,	obe.	*Ob*,	Obe.
od,	ode.	*Quod*,	Code.
ons,	once.	*Mons*,	Monce.
os,	oce.	*Filios*,	Filioce.
u,	u, ü.	*Cornu*,	Cornu.
		Prout,	Proüte.
ua,	oua.	*Lingua*,	Lingoua.
um,	ome.	*Servum*.	Servome.
un,	on.	*Unda*,	Onda.
unc,	unque.	*Nunc*,	Nunque.
unt,	onte.	*Quœrunt*,	Cuéronte.
us,	uce.	*Deus*,	Déuce.
ut,	ute.	*Caput*.	Capute.
cha,	ca.	*Charitas*,	Caritâce.
che,	ké.	*Cherubim*,	Kérubime.
chi,	ki.	*Chimœra*,	Kiméra.
chris,	cris.	*Christus*,	Cristuce.
cho,	co.	*Chorda*,	Corda.
chro,	cro.	*Chronica*,	Cronica.

qui, quœ, quod, cui; cui, cué, code, cuï. *quarum, quando;* couarome, couando.

L'O-RAI-SON DO-MI-NI-CA-LE.

PA-TER nos-ter qui es in cœ-lis, sanc-ti-fi-ce-tur no-men tu-um; ad-ve-ni-at re-gnum tu-um; fi-at vo-lun-tas tu-a si-cut in cœ-lo et in ter-ra; pa-nem nos-trum quo-ti-di-a-num da no-bis ho-die; et di-mit-te no-bis de-bi-ta nos-tra, si-cut et nos di-mit-ti-mus de-bi-to-ri-bus nos-tris, et ne nos in-du-cas in ten-ta-ti-o-nem; sed li-be-ra nos à ma-lo. A-men.

La Sa-lu-ta-ti-on An-gé-li-que.

A-VE Ma-ria gra-ti-â ple-na, Do-mi-nus te-cum, be-ne-dic-ta tu in mu-li-e-ri-bus, et be-ne-dic-tus fruc-tus ven-tris tu-i JÉ-SUS.

Sanc-ta Ma-ria, Ma-ter De-i, o-ra pro no-bis pec-ca-to-ri-bus, nunc et in ho-ra mor-tis nos-træ. A-men.

Le Sym-bo-le des A-pô-tres.

CRE-DO in De-um Pa-trem om-ni-po-ten-tem, Cre-a-to-rem, cœ-li et ter-ræ; et in Je-sum Chris-tum, Fi-li-um ejus u-ni-cum, Do-mi-num no-strum; qui con-cep-tus est de Spi-ri-tû san-cto, na-tus ex Ma-ri-â Vir-gi-ne, pas-sus sub Pon-tio-Pi-la-to; cru-ci-fi-xus, mor-tu-us et se-pul-tus; des-cen-dit ad in-fe-ros; ter-ti-â di-e re-sur-re-xit à mor-tu-is; as-cen-dit ad cœ-los, se-det ad dex-te-ram De-i,

Pa-tris om-ni-po-ten-tis, in-dè ven-tu-rus est ju-di-ca-re vi-vos et mor-tu-os.

Cre-do in Spi-ri-tum Sanc-tum, Sanc-tam Ec-cle-si-am Ca-tho-li-cam, Sanc-to-rum com-mu-ni-o-nem : re-mis-sio-nem pec-ca-to-rum, car-nis re-sur-rec-ti-o-nem, Vi-tam æ-ter-nam. A-men.

La Con-fes-si-on gé-né-ra-le.

CON-FI-TE-OR De-o om-ni-po-ten-ti, be-atæ Ma-ri-æ sem-per Vir-gi-ni, be-a-to Mi-cha-e-li Ar-chan-ge-lo, be-a-to Jo-an-ni Bap-tis-tæ, sanc-tis A-pos-to-lis Pe-tro et Pau-lo, et om-ni-bus sanc-tis; qui-a pec-ca-vi ni-mis co-gi-ta-ti-o-ne, ver-bo et o-pe-re : me-â cul-pâ, me-â cul-pâ, me-â ma-xi-mâ cul-pâ. I-de-ò pre-cor, be-a-tam Ma-ri-am, sem-per Vir-gi-nem, be-a-tum Mi-cha-e-lem Ar-chan-ge-lum, be-a-tum Jo-an-nem Bap-tis-tam, Sanc-tos A-pos-to-los Pe-trum et Pau-lum, et om-nes Sanc-tos, o-ra-re pro me ad Do-mi-num De-um nos-trum. Amen.

Prière avant le Repas.

BÉNEDICITE; Dominus, nos et ea quæ sumus sumpturi benedicat dextera Christi.

In nomine Patris, + et Filii, + et Spiritus Sancti. + Amen.

Grâces après le Repas.

AGIMUS tibi gratias, omnipotens Deus, pro universis beneficiis tuis, qui vivis et regnas in sæcula sæculorum. Amen.

Quand on lève la Sainte Hostie.

O Salutaris Hostia,
Quæ cœli pandis ostium :
Bella premunt hostilia,
Da robur, fer auxilium.
Uni, trinoque Domino,
Sit sempiterna gloria,
Qui vitam sine termino
Nobis donet in Patria.
Amen.

A la Communion, dites trois fois :

DOMINE non sum dignus ut intres sub tectum meum, sed tantùm dic verbum, et sanabitur anima mea.

Avant que de vous endormir, dites :

IN manus tuas, Domine, commendo spiritum meum. Redemisti nos, Domine, Deus veritatis.

PRIÈRE POUR LE ROI.

EXAUDIAT te Dominus in die tribulationis; protegat te nomen Dei Jacob.

Mittat tibi auxilium de sancto, et de Sion tueatur te.

Memor sit omnis sacrificii tui; et holocaustum tuum pingue fiat.

Tribuat tibi secundùm cor tuum; et omne consilium tuum confirmet.

Lætabimur in salutari tuo; et in nomine Dei nostri magnificabimur.

Impleat Dominus omnes petitiones tuas; cognovi quoniam salvum fecit Dominus Christum suum.

Exaudiet illum de cœlo sancto suo in potentatibus salus dexteræ ejus.

Hi in curribus, et hi in equis; nos autem in nomine Domini Dei nostri invocabimus.

Ipsi obligati sunt, et ceciderunt; nos autem surreximus, et erecti sumus.

Domine, salvum fac Regem; et exaudi nos in die quâ invocaverimus te.

Gloria Patri, etc.

Oremus.

QUÆSUMUS, omnipotens Deus, ut famulus tuus Rex noster LUDOVICUS, qui tuâ miseratione suscepit regni gubernacula, virtutum etiam omnium percipiat incrementa; quibus decenter ornatus, et vitiorum monstra devitare, hostes superare, et ad te qui via, veritas et vita es, gloriosus valeat pervenire.

INSTRUCTION POUR LA JEUNESSE.

Du Lever.

Aussi-tôt que vous serez éveillé, commencez la première action de la journée par le signe de la croix, et que les premières paroles que vous proférerez soient les noms de Jésus et de Marie. Ensuite vous vous offrirez à Dieu en ces termes, ou d'autres semblables : Mon Dieu, je vous offre mon cœur, mes pensées et toutes les actions de ce jour, pour votre gloire.

Levez-vous promptement pour vous appliquer au service de Dieu, au travail; gardez la modestie en vous habillant, et donnez-vous de garde de rien faire contre la bienséance et l'honnêteté.

Dès que vous serez habillé, prosternez-vous devant Dieu, et adorez votre Créateur avec une profonde humilité, en disant les paroles suivantes :

Je vous adore, ô mon Dieu, Père, Fils et Saint-Esprit, me voici tout prêt à exécuter vos ordres ; faites-moi la grâce de mourir plutôt que de rien faire aujourd'hui qui puisse vous déplaire.

De la prière du matin dépend tout le succès des actions de la journée. Un Chrétien qui n'a pas prié Dieu, comme il est obligé de le faire d'abord qu'il est levé, succombe facilement aux tentations.

Donnez-vous donc bien de garde de manquer à ce devoir, sous quelque prétexte que ce soit ; car l'affaire la plus importante que vous ayez en ce monde est celle de votre salut. A quoi vous serviront toutes les sciences humaines, si vous venez à perdre votre ame ?

Après vous être habillé, mettez-vous à genoux, en présence de Dieu, devant qui toutes les puissances du Ciel tremblent : tenez les mains jointes, les yeux baissés, avec modestie, vous regardant comme un néant devant une si haute Majesté.

Ayez enfin une singulière attention à tout ce que vous dites; autrement, vos prières ne peuvent être agréables à Dieu.

DU REPAS.

N'ALLEZ pas à table seulement pour contenter votre appétit, mais pour obéir à Dieu qui veut que vous vous nourrissiez pour pouvoir vous appliquer avec plus de vigueur à son service. Dites donc le *Benedicite* avec attention, avant que de vous mettre à table.

Ne mangez point avec avidité; comportez-vous, tout le tems de la table, avec retenue et modération, sans donner aucun signe de gourmandise. Ne passez jamais aucun repas sans vous mortifier, en laissant quelque morceau qui vous paraîtra le plus à votre goût; faites-en un présent à notre Seigneur J.-C., vous en abstenant pour son amour.

Remerciez Dieu, après le repas, de vous avoir donné si libéralement ce qui vous était nécessaire pour votre nourriture. Combien y a-t-il de pauvres qui n'ont pas de pain à manger et qui sont dans la dernière nécessité !

De L'Etude.

C'EST la volonté de Dieu que vous employiez le tems à l'étude, c'est aussi la volonté de vos parens. Vous ne pouvez donc pas vous occuper à autre chose, à moins que de vouloir désobéir à Dieu et à ceux auxquels vous devez une entière obéissance, sous peine de péché.

Vous voyez ce que font vos parens pour votre éducation, les soins qu'ils prennent pour vous faire apprendre quelque chose, les dépenses qu'ils font pour vous entretenir dans vos études. Après tout cela, pouvez-vous perdre le tems qui vous est d'ailleurs si précieux dans l'âge où vous êtes ? vous devez vous en faire un très-grand scrupule, quoique cela ne vous semble qu'une bagatelle.

Du tems que vous devez employer maintenant à l'étude dépend tout le reste de votre vie. Si vous étudiez bien présentement, vous aurez, un jour, de la joie d'avoir travaillé pendant votre jeunesse; mais si vous perdez le tems, vous n'aurez que du chagrin, et un sensible regret de voir que, par votre peu de capacité, vous êtes méprisé des honnêtes gens, étant incapable d'exercer les charges honorables auxquelles on vous destinait. Sachez de plus que l'ignorance est ordinairement suivie de l'oisiveté, qui est la source de tous les vices, et la cause de la perte éternelle de l'ame.

Avant que de vous mettre à l'étude, offrez cette action à Dieu, et invoquez l'assistance du Saint-Esprit, qui est la source de toutes les sciences. Une petite élévation de cœur suffira, en faisant l'acte suivant : Je vous offre, ô mon Dieu, ce petit travail pour votre plus grande gloire! O Esprit divin, éclairez-moi de votre lumière!

Appliquez-vous soigneusement à votre devoir, et n'écoutez pas les sentimens de la nature qui ne demande que le repos et qui ne soupire qu'après le divertissement. Fuyez donc la paresse, et ne songez qu'à faire votre devoir, parce que Dieu le veut, et de la façon qu'il le veut.

DE LA RÉCRÉATION.

DIEU veut que vous ayez un tems pour vous divertir et pour vous relâcher un peu l'esprit, afin de vous appliquer après à l'étude avec plus de ferveur. Prenez donc votre Récréation après le repas dans le dessein de Dieu, et gardez-vous bien de dire ou de faire la moindre chose qui soit contre son honneur, ni qui puisse scandaliser vos compagnons : car c'est le tems où les jeunes gens font les plus grandes fautes.

Ne dites et ne faites jamais rien qui puisse offenser votre prochain en la moindre chose ; car il ne faut qu'une parole mal dite pour blesser la charité : abstenez-vous des paroles de raillerie. Que si quelqu'un de vos compagnons vous dit quelque chose qui vous puisse déplaire, dissimulez, et ne prenez pas en mauvaise part ce qui n'a été dit que par le jeu et pour passer le tems.

DE LA PRIÈRE DU SOIR.

Motifs pour la bien faire.

APRÈS avoir donné tout le jour au travail et à l'ètude des lettres, il est bien raisonnable que vous rentriez un peu en vous-même avant que de vous coucher, pour faire une sérieuse réflexion sur toutes les actions de la journée. Y a-t-il rien de plus juste que de prendre un petit quart-d'heure pour mettre ordre aux affaires de votre conscience et de votre salut, puisque c'est la chose la plus importante que vous ayez en ce monde?

Vous voyez de quelle façon se comportent les gens d'affaires et les marchands dans leur trafic. Ils ne peuvent dormir en repos, à moins qu'ils n'aient fait un état du gain et des pertes qu'ils ont faits pendant le jour. Ils écrivent fort exactement ce qu'ils donnent et ce qui leur est dû, tout au net et avec beaucoup d'ordre. Pourquoi tous ces grands soins? C'est pour éviter le grand embarras où ils se trouveraient, s'ils n'agissaient de cette façon; c'est qu'ils veulent, en cas de mort, que toutes les choses soient en état. Si donc l'homme prend tant de peines pour les biens temporels et périssables, que ne devez-vous pas faire pour le bien spirituel et éternel de votre ame!

Faites une sérieuse réflexion que cette nuit sera peut-être la dernière de votre vie. Combien en a-t-on vu qui se sont couchés en parfaite santé, et qui, le lendemain, ont été portés du lit au tombeau? La même chose peut vous arriver. Hélas! que deviendrait votre ame, si vous veniez à mourir en péché mortel!

PRATIQUE.

AYEZ soin de faire exactement votre examen de conscience, et d'en observer les points; insistez particulièrement sur la recherche des fautes que vous avez commises pendant la journée, et je vous conseille de les écrire à la première occasion, afin que, venant à vous confesser, vous soyez alors soulagé dans la recherche que vous en devez faire. Plusieurs suivent cette pratique, et s'en trouvent fort bien : car, au lieu que les autres se tourmentent quand il faut aller à confesse, ceux-ci n'ont qu'à lire les papiers où ils les ont écrites chaque jour depuis leur dernière confession.

Dites ensuite les prières qui vous sont prescrites, avec le plus d'attention qu'il vous sera possible, et considérez que la prière qui n'est proférée que de bouche n'est d'aucun mérite devant Dieu : il faut que le cœur parle, et que les paroles que vous dites viennent de l'intérieur, et soient accompagnées d'une particulière attention. Résistez constamment au sommeil; vous en viendrez à bout, en vous tenant continuellement à genoux, en répondant avec les autres pendant tout le tems de la prière : car, si vous cherchez vos petites commodités, votre prière sera bientôt interrompue par le sommeil.

PRATIQUE

Pour entendre dévotement la Sainte Messe.

QUAND vous allez à l'Eglise, à dessein d'y entendre la Messe, ne faites pas comme la plupart des enfans qui y vont en courant, en badinant, et avec un esprit dissipé; allez-y avec un grand recueillement, comme si vous alliez au Calvaire pour y voir Jésus crucifié.

Ayant pris de l'eau bénite à l'entrée de l'Église, avec foi et avec douleur de vos péchés, mettez-vous humblement à genoux, et tâchez de vous éloigner, autant qu'il vous sera possible, de ceux qui pourraient vous distraire par leur mauvais exemple. Donnez-vous bien de garde de tourner la tête pour observer ceux qui sont auprès de vous, ceux qui entrent ou qui sortent de l'Eglise : c'est une immodestie et une marque d'un esprit dissipé. Cependant il faut que votre dévotion soit sans affectation.

PRINCIPES
DE LA VIE SPIRITUELLE.

Des Vertus qu'on doit acquérir et pratiquer toute sa vie.

DE L'AMOUR DE DIEU.

VOUS devez aimer Dieu de tout votre cœur : vous en avez un précepte qui vous y oblige sous peine de damnation, et c'est l'unique fin pour laquelle vous êtes au monde. Le soleil n'a été créé que pour nous éclairer de sa lumière ; la terre ne subsiste que pour notre nourriture ; en un mot, toutes les créatures n'ont été tirées du néant et n'ont reçu l'être que pour nous rendre service : c'est leur fin et leur perfection. Il n'en est pas de même de la créature raisonnable : l'homme n'est pas né pour l'homme ; il n'a été formé des mains de Dieu que pour Dieu ; il n'a un esprit que pour le connaître, et un cœur que pour l'aimer ; et ce cœur, il n'y a que Dieu qui puisse le remplir : ni l'amour des créatures, ni la jouissance de tous les biens et de tous les plaisirs de cette vie mortelle ne peuvent le contenter ; il est dans un perpétuel mouvement et dans une continuelle inquiétude, dit Saint-Augustin, à moins qu'il n'aime uniquement et parfaitement son Créateur.

Mais pourquoi ne l'aimeriez-vous pas de tout votre cœur, puisque, par sa divine puissance, il vous a tiré de l'abîme du néant pour vous créer à son image, pour vous faire héritier et participant de sa gloire ? C'est lui qui vous a fait naître dans un pays très-chrétien et de parens catholiques ; c'est lui qui vous a donné tout ce que vous possédez en cette vie, les biens corporels pour l'entretien du corps, les biens spirituels pour la nourriture spirituelle de votre ame. Qu'avez-vous, dit l'Apôtre, que vous n'ayez reçu de la pure libéralité de Dieu ? Il a tant aimé qu'il vous a donné son Fils unique pour vous servir de modèle en cette vie, de conducteur dans le chemin du Ciel, et de caution qui doit satisfaire, par l'effusion de tout son sang, pour la multitude de vos péchés. Il vous a donné son Saint-Esprit pour vous exciter à son amour par l'effusion de ses grâces, pour vous enrichir dans votre pauvreté, pour vous consoler dans vos afflictions, et pour vous impétrer tous les secours du Ciel, dont vous avez besoin dans cette vallée de larmes. Enfin il se donne tout à vous ; et pour toute récompense de ce bienfait, il ne vous demande que votre cœur : seriez-vous donc assez ingrat pour le lui refuser ?

Mais enfin, pourquoi ne l'aimeriez-vous pas de tout votre cœur, puisque c'est l'unique objet aimable en ce monde, l'unique qui soit digne du cœur humain, qui renferme en soi éminemment toutes les perfections de la nature dont il est la source et l'origine ? La Sœur Marie de l'Incarnation, Religieuse Carmélite, était si fort pénétrée de cette pensée qu'on l'entendait ordinairement s'écrier, dans l'excès de son amour : *Est trop avare à qui Dieu ne suffit*, comme si elle eût voulu dire : O hommes mortels, aveugles et insensés, pourquoi tant de peines et de travaux pour vous satisfaire, puisque vous trouvez en Dieu tout ce qui peut contenter votre cœur ?

PRATIQUE.

VOUS devez aimer Dieu de tout votre cœur, de toutes vos forces et de toute votre ame : c'est-à-dire que vous devez l'aimer par-dessus toutes choses, plus que vos biens, plus que vos parens, et même plus que votre vie.

Vous devez être dans la résolution de perdre ce que vous avez de plus cher au monde, plutôt que de perdre sa grâce et son amitié. Vous devez souffrir et endurer toutes sortes d'affronts, et même la mort, plutôt que de rien faire qui soit contre l'honneur que vous lui devez. Ah ! que cet amour sincère et véritable que nous devons avoir pour Dieu est rare en ce monde ! car où est l'homme qui aime plus son Dieu que son trésor et sa propre vie ?

Vous devez tellement détacher votre cœur de l'amour des créatures que vous ne les aimiez que pour Dieu. Il est vrai que vous êtes obligé d'aimer votre prochain, et particulièrement votre père et votre mère, puisque Dieu vous le commande ; mais ce ne doit pas être au préjudice de l'amour que vous devez à Dieu : car Jésus-Christ vous

assure

assure que celui qui aime son père et sa mère plus que lui est indigne de son amour. Renoncez à la chair et au sang, quand il s'agit de la gloire et de l'honneur de celui qui vous a donné l'être.

Si vous voulez témoigner à Dieu l'amour que vous lui portez, ne cherchez que lui en toutes choses, n'agissez que pour lui, et ne parlez que de lui. Que de trésors et de mérites, que de grâces ne vous attirerez-vous pas en cette vie ; et à quel degré de gloire ne serez-vous pas élevé dans le Ciel, si vous savez animer toutes vos actions du feu du divin amour!

Du Devoir des Enfans envers leurs Parens.

VOUS devez quatre choses à vos parens, qui sont : l'amour, le respect, l'obéissance et l'assistance, tant dans les nécessités spirituelles que corporelles ; ce sont des devoirs dont vous ne pouvez jamais vous dispenser : Dieu vous y oblige par un commandement exprès, et c'est le quatrième du Décalogue. Il ne faut qu'être homme raisonnable, sans qu'il soit nécessaire d'être Chrétien, pour rendre à nos pères et mères ce qui leur est dû.

L'amour des parens envers leurs enfans est un puissant motif pour exciter les mêmes enfans à les aimer d'un amour réciproque. Est-il un amour aussi tendre, aussi ardent et aussi constant que l'est celui d'un père et d'une mère envers leurs enfans ? Cette tendresse dure jusqu'au tombeau.

Que de peines pour leur procurer, dès leur bas âge, une bonne éducation ! que d'inquiétudes et de chagrins dans leurs maladies ! quelle patience à supporter leurs faiblesses et leurs infirmités ! Cela passe tout ce qu'on en peut dire. Tobie ne se servit point d'autre argument pour porter son fils au respect et à l'obéissance qu'il devait rendre à sa mère pendant tout le tems de sa vie.

Ce vous sera encore un puissant motif, si, pour vous acquitter de votre devoir envers vos parens, vous faites réflexion aux justes ressentimens que Dieu fait paraître, dans l'Ecriture, contre les enfans qui manquent de respect envers ceux de qui ils ont reçu la vie. Il leur donne sa malédiction. Maudit soit l'enfant, dit-il dans le Deutéronome, qui n'honore pas son père et sa mère! Que l'œil de l'enfant qui se sera moqué de son père et qui aura méprisé sa mère, dit-il par la bouche du Sage, soit dévoré par les corbeaux et par les aigles! Il veut encore, dans l'Exode, que l'enfant rebelle et désobéissant, qui s'adonne à l'ivrognerie et à la luxure, sans se mettre en peine des avertissemens de son père, soit lapidé par le peuple. Enfin, il porte encore sentence de mort contre celui qui aura été si téméraire que de lever la main sur son père ou sa mère, ou qui les aura maudits. Au contraire, ne promet-il pas sa bénédiction, sa protection, sa faveur, une longue vie, en un mot, toutes sortes de biens à celui qui aura honoré ses parens, comme il le doit, pendant toute sa vie ?

PRATIQUE.

Efforcez-vous de rendre à vos parens tous ces devoirs que je viens de vous enseigner, pendant tout le tems qu'il plaira à Dieu de leur conserver la vie. La nature et la Loi de Dieu vous y obligent, non-seulement en votre jeunesse, mais encore quand vous serez plus avancé en âge. Il n'y a point d'âge, d'état, ni de condition, telle qu'elle puisse être, qui vous en puisse dispenser. Quelque chose que votre père vous dise, vous devez toujours l'aimer ; quelque chose qu'il vous fasse, vous ne devez jamais lui manquer de respect ; quelque chose qu'il vous commande, vous devez obéir aveuglément et promptement, sans murmurer, sans dépit, sans chagrin, à moins qu'il ne vous commande quelque chose qui soit directement contre la Loi de Dieu : car alors il faut préférer le commandement du Créateur à celui de la créature.

Donnez-vous bien de garde de vous laisser aller à tous les mouvemens de la nature corrompue, qui fait que les enfans de votre âge ont ordinairement de la peine à supporter patiemment les avertissemens paternels et les avis salutaires que leurs parens sont souvent obligés de leur donner pour les corriger de leurs fautes. S'il arrive quelquefois qu'ils vous parlent avec aigreur, écoutez-les sans rien répondre mal-à-propos. S'ils vous reprennent de quelque faute avec un peu trop de sévérité, ne vous excusez point, et recevez avec humilité et modestie cette correction.

Vous me direz peut-être que vos parens sont fâcheux, chagrins et emportés ; que la moindre faute les fait mettre en colère contre vous, et que pour une peetite bagatelle ils vous traitent trop rigoureusement. Je veux que cela soit; mais faites réflexion, je vous prie, que l'amour ne voit qu'avec regret les moindres défauts dans la personne aimée; et si votre père vous paraît si sévère, cela ne vient que de l'extrême désir qu'il a de voir parfait celui qu'il regarde comme un autre lui-même. Le médecin, dit Saint-Augustin, est fâcheux à un frénétique; il fait lier son malade, sans avoir égard à ses plaintes, ni même à sa qualité : de même le père châtie sévèrement son fils, et lui fait sentir les effets de son indignation pour le corriger de ses fautes; mais cette sévérité ne vient que d'un véritable et sincère amour. Je ne puis nier que les parens n'aient quelquefois de grandes imperfections, et l'expérience ne nous le fait que trop connaître; mais si la charité nous oblige de supporter patiemment les défauts de notre prochain, cette obligation n'est-elle pas plus grande pour un fils à l'égard de son père, de qui il a reçu la vie, et tout ce qu'il possède? Supportez-donc constamment leurs chagrins, leurs mauvaises humeurs et toutes les autres faiblesses naturelles qui accompagnent ordinairement un grand âge.

Il y a très-peu d'enfans qui aiment leurs parens d'un véritable et sincère amour. Plusieurs n'agissent que par intérêt et par amour-propre; s'ils leur témoignent de l'affection, ce n'est qu'en vue du bien qu'ils en espèrent: car à peine ont-ils obtenu la meilleure part de l'héritage qu'il n'y a plus en eux ni amour, ni respect, ni obéissance. Il y en a de si dénaturés qu'ils ne soupirent qu'après la mort de ceux dont ils ont reçu la vie, pour s'enrichir de leurs dépouilles. On en voit même de si barbares qu'ils tâchent d'avoir par force le peu que leurs parens se sont réservé pour leur entretien dans leur vieillesse; ils se servent à cet effet du manteau de la justice pour couvrir leur inhumanité. Ils leur intentent procès, au grand scandale d'un chacun, et des Juges mêmes, et ils n'ont point de repos qu'ils ne leur aient enlevé, par leurs chicanes, le peu qui leur reste pour leur subsistance. Ce désordre n'est aujourd'hui que trop fréquent : on entend presque tous les jours plaider dans le barreau de semblables causes.

Il y en a qui, par dissimulation, savent garder les apparences jusqu'à la fin, pour mieux ménager leurs propres intérêts, et pour venir à bout de leurs prétentions; mais à peine leurs parens ont-ils les yeux fermés qu'ils ne s'en souviennent plus; ou, s'ils s'en souviennent, ce n'est que pour blâmer leur conduite, quoiqu'elle n'ait été souvent que trop avantageuse à leur égard, au préjudice des autres héritiers. N'imitez pas ces esprits ingrats et dénaturés; mais souvenez-vous que vous êtes obligé de témoigner un parfait et constant amour à vos parens, même après leur mort, en priant et faisant prier Dieu pour le repos de leurs ames. Souvenez-vous qu'ils sont peut-être tourmentés dans le Purgatoire, pour vous avoir trop tendrement aimé en cette vie.

De l'Amour du Prochain.

Vous ne pouvez aimez Dieu que vous n'aimiez votre prochain : car la même charité qui nous fait aimer Dieu nous fait encore aimer nos semblables. La raison est, que ce qui porte un homme à aimer un autre le porte aussi à l'amour de tout ce qui peut lui appartenir.

PRATIQUE.

Il faut que vous aimiez votre prochain uniquement pour Dieu; car l'aimer par quelque motif humain, ce n'est pas l'aimer de la façon que Dieu veut que vous l'aimiez : ne l'aimez donc pas seulement à cause qu'il vous aime, ni pour aucune de ses belles qualités, ni à cause que vous avez reçu ou que vous espérez quelque bienfait de lui; ce n'est là qu'un amour naturel qui est commun aux Chrétiens et aux Payens : il faut que cet amour soit purement fondé sur Dieu, dont le prochain est la créature, l'image et la ressemblance.

Il faut que vous aimiez votre prochain comme vous-même, c'est-à-dire que vous lui souhaitiez le même bien qu'à vous-même; et cet amour doit être universel : car tous les hommes, quels qu'ils soient, amis ou ennemis, fidèles ou infidèles, sont vos frères et les images vivantes de Dieu.

Donnez-vous bien de garde d'en exclure aucun de vos frères, sous quelque prétexte que ce puisse être, quand il serait même votre plus cruel ennemi. Souvenez-vous que la charité vous oblige à prier Dieu pour tous, mais particulièrement pour ceux qui en ont le plus de besoin.

Paroles de TOBIE *à son fils.*

MON Fils, écoutez mes paroles, et mettez-les dans votre cœur comme le fondement de votre salut.

Ayez Dieu présent à l'esprit durant tous les jours de votre vie, et ayez soin de ne consentir jamais au péché, et de ne violer jamais la Loi du Seigneur, notre Dieu.

Faites l'aumône de votre bien, et ne détournez point vos yeux d'aucun pauvre; par là vous mériterez que Dieu aussi ne détourne point ses regards favorables de dessus vous. Soyez miséricordieux et charitable autant que vous le pouvez : si vous avez beaucoup de bien, donnez beaucoup; si vous avez peu, ne laissez pas de faire part aux pauvres, de bon cœur et avec joie, de ce que vous avez : car, par là, vous vous amasserez un riche trésor et une grande récompense pour le jour de la nécessité, parce que l'aumône délivre de tout péché et de la mort, et empêche l'ame de tomber dans les ténèbres. L'aumône sera un sujet de grande confiance, devant Dieu, à tous ceux qui l'auront pratiquée.

Efforcez-vous, mon fils, d'éviter toute impureté; demandez sans cesse au Seigneur la grâce de conserver la pureté du corps et de l'esprit.

Celui qui a la conscience pure ne doit pas craindre les illusions du démon.

Ne souffrez point que l'orgueil s'empare de votre cœur, ni qu'il y ait rien d'élevé et de superbe dans vos pensées, ou dans vos paroles : car c'est par l'orgueil que tout le mal est venu dans le monde.

Aussitôt que quelqu'un aura travaillé pour vous, rendez-lui ce que mérite son travail, et ne retenez jamais la récompense qui est due à ceux qui vous auront rendu service.

Ne faites jamais à personne ce que vous ne voudriez pas qu'on vous fît.

Mangez votre pain avec ceux qui ont faim et qui sont dans l'indigence, et couvrez de vos vêtemens ceux qui sont nus.

Ne faites rien sans le conseil d'un homme sage et prudent.

Bénissez Dieu en tout tems, priez-le que lui-même conduise vos pas dans sa sainte voie, et remettez entre ses mains tous vos desseins et toutes vos entreprises.

Ne craignez point, mon fils : nous sommes pauvres, mais nous aurons assez de bien si nous craignons Dieu, si nous nous abstenons de tous péchés, et si nous faisons de bonnes œuvres.

Les Avis de Saint-Louis *à son Fils.*

Mon Fils, la première chose que je vous enseigne et que je vous demande, c'est d'aimer Dieu de tout votre cœur; et par-dessus toutes choses : car nul homme ne peut être sauvé sans cela.

Donnez-vous bien de garde de rien faire qui lui déplaise, c'est-à-dire de pécher : car vous devez désirer de souffrir plutôt toutes sortes de tourmens que de commettre un seul péché mortel.

Si Dieu vous envoie quelque adversité, recevez-la de bon cœur, rendez-lui-en grâces, et pensez que vous l'avez bien méritée en désobéissant à Dieu; tout alors tournera à votre avantage.

S'il vous donne des prospérités, rendez-lui de très-humbles actions de grâces, et prenez garde de n'en pas devenir pire par orgueil ni autrement : car il ne faut point se servir des dons que Dieu nous accorde pour lui faire la guerre.

Confessez-vous souvent, et choisissez un Confesseur habile, d'une vertu et d'une sagesse reconnues; qui puisse vous donner des maximes assurées, et vous apprendre les choses que vous devez faire pour le salut de votre ame.

Assistez avec dévotion au service de Dieu et de la sainte Eglise, notre Mère; priez-y de cœur et de bouche, principalement après la consécration du Corps de notre Seigneur, sans parler à qui que ce soit.

Ayez le cœur doux et rempli de compassion pour les pauvres, aidez-les autant que vous le pourrez.

Ne fréquentez que des gens sages, vertueux et d'une probité reconnue; fuyez la compagnie des méchans.

Efforcez-vous d'écouter la parole de Dieu; gravez-la dans votre cœur.

Ne perdez jamais l'occasion d'aller aux prières, aux dévotions publiques, et donnez-y bon exemple.

Ne permettez jamais qu'on dise rien contre le respect dû à Dieu, à sa sainte Mère, aux Saints et Saintes.

Remerciez souvent Dieu des biens et des heureux succès qu'il vous donnera.

Faites une dépense raisonnable et modérée en votre maison, et retranchez-y tout excès.

Portez honneur, respect et soumission à votre Père et à votre Mère; prenez bien garde de les courroucer en désobéissant à leurs bons commandemens; mais plutôt suivez leurs avis salutaires.

Mon Fils, je vous supplie de vous souvenir de moi et de ma pauvre ame, de me secourir par messes, prières, oraisons, aumônes et autres bonnes œuvres, et de m'accorder part à toutes les pieuses actions de votre vie.

Je vous donne toutes les bénédictions qu'un Père peut donner à son Fils. Je prie la Très-Sainte Trinité, le Père, le Fils, et le Saint-Esprit, de vous garder, de vous préserver de tout mal, et principalement de mourir en péché mortel, afin que nous puissions, après cette vie, être ensemble devant Dieu, jouir de la béatitude éternelle qu'il prépare à ceux qui observent fidèlement ses divins commandemens, et lui rendre grâces et louanges sans fin dans son Royaume de Paradis. Ainsi soit-il.

EXTRAITS DE L'HISTOIRE SAINTE.

*Meurtre d'*Abel.

ADAM et Ève eurent des enfans, mais ils naquirent dans le péché, et furent méchans.

Caïn, le premier né, éprouva pour Abel, son frère, un sentiment profond de haine, parce qu'Abel était plus juste que lui, et par conséquent plus agréable à Dieu. Abel était berger, et offrait ses plus beaux moutons en sacrifice au Seigneur. Caïn cultivait la terre, et offrait aussi des fruits; mais Dieu qui connaissait le cœur des deux frères, ne voyait avec plaisir que les offrandes d'Abel. Caïn, que la jalousie rendait plus injuste encore, dit à son frère: Allons dans les champs; et, là, il lui chercha querelle, se jeta sur lui et le tua. Au retour de Caïn, Dieu lui demanda ce qu'il avait fait de son frère; mais le méchant, trop endurci pour se repentir, répondit qu'il n'en était pas le gardien. Alors Dieu voulut, dans ce premier exemple du sang injustement répandu, apprendre aux siècles à venir qu'il serait le vengeur des innocens persécutés par leurs frères; il lui reprocha avec force le crime qu'il avait commis; et lui dit que la voix du sang de son frère s'élevait jusqu'au ciel, et qu'il serait maudit et fugitif par toute la terre.

Le Déluge et l'Arche de NOÉ.

LES hommes, en se multipliant, multiplièrent aussi les crimes sur la terre. Dieu, toujours bon, vit ces désordres avec une douleur profonde, et se repentit d'avoir fait l'homme. Alors il résolut d'exterminer l'homme, et avec lui tous les animaux de la terre, qui avait été infectée, en quelque sorte, par la contagion de son péché. Mais dans ce déluge de crimes, un juste s'était conservé dans l'innocence : Noé trouva grâce devant lui. Il lui dit de bâtir une arche *(ou grande maison de bois)* qui pût flotter sur les eaux qui allaient inonder la terre entière. Cette arche exigea cent ans de travail. Quand elle fut achevée, Noé y mit sept paires d'animaux purs, deux des impurs, et il y entra avec sa femme, ses trois fils, Sem, Cham et Japhet, et leurs trois femmes. Alors, Dieu en ayant fermé la porte, la pluie tomba avec une telle abondance, pendant quarante jours, que l'eau surpassa de quinze coudées les plus hautes montagnes. Tout ce qui avait vie périt, à l'exception de Noé, de ses enfans et des animaux qu'il avait conservés, et qui repeuplèrent la terre.

La Tour de Babel.

LES enfans de Noé multiplièrent bientôt au point de ne pouvoir plus vivre tous dans le même lieu. Ils s'avisèrent alors d'un projet qui marque en même tems leur folie et leur vanité. Ils voulurent bâtir une ville pour éterniser leur nom, et une tour si haute qu'ils pussent se défendre contre Dieu même, en cas d'un nouveau déluge. Mais Dieu, qui voulait faire voir dès-lors que ce n'est que par l'humilité que l'homme peut s'élever, et qu'il doit plus penser à fléchir sa colère par la pénitence qu'à se défendre contre sa vengeance par de vains efforts, se moqua d'une entreprise si ridicule, et confondit leur langage à un tel point qu'ils ne pouvaient plus s'entendre entre eux, et furent obligés de se séparer pour se disperser sur la terre. L'ouvrage de leur vanité resta imparfait, et on donna à la tour le nom de *Babel*, c'est-à-dire de *confusion*, pour rappeler la confusion des langues que Dieu opéra. Cet édifice d'orgueil fut dès-lors une figure de ce que le monde devait faire dans la suite des siècles, où il ne semble penser qu'à élever contre Dieu une tour pour se mettre à l'abri de sa justice; pensant plutôt à éterniser son nom sur la terre qu'à se former pour le ciel.

---

*Sacrifice d'*Abraham.

Dieu voulant qu'il y eût une race choisie et fidèle, qui ne finirait jamais, prit Abraham pour en être le chef, et l'avertit que de lui naîtrait une postérité nombreuse, et que son épouse, Sara, qui avait alors quatre-vingt-dix ans, aurait un fils. Abraham se confia en la promesse de Dieu, et eut Isaac. Trente-sept ans après, le Seigneur, voulant éprouver la fidélité de son serviteur, lui ordonna de sacrifier sur une montagne ce fils unique. Quoiqu'en se rappelant la promesse de Dieu, de le rendre père d'un peuple nombreux, Abraham ne balança pas à obéir. Dieu, touché de sa fidélité, envoya un ange qui retint son bras près de frapper la victime, et lui ordonna de sacrifier en place d'Isaac un belier qui était dans un buisson voisin. Cette histoire, qui est pleine de mystères, et dont toutes les circonstances étaient autant de figures de ce qui devait arriver à Jésus-Christ, est selon les Saints Pères, d'une grande instruction pour les pères et mères ; elle leur apprend à n'avoir point de plus grande passion pour leurs enfans que de les immoler à Dieu.

JOSEPH *vendu par ses Frères.*

JOSEPH, l'un des plus jeunes enfans de Jacob, fils d'Isaac, s'attira l'inimitié de ses frères, parce que, dans deux songes qu'il eut, et qu'il leur raconta, il leur fit pressentir sa grandeur future. Ils résolurent aussitôt de le perdre; et un jour que Jacob l'envoyait vers eux en Sichem, où ils gardaient leurs troupeaux, ils se dirent:

Tuons-le. Ruben, l'aîné, s'opposa à ce dessein criminel; et dans l'intention de le rendre à son père, il dit qu'il fallait le jeter dans une vieille citerne où il n'y avait pas d'eau : ce qu'ils firent; mais ils l'en retirèrent presque aussitôt, pour le vendre à des marchands Ismaélites qui passaient. Ils envoyèrent ensuite sa robe, teinte du sang d'un chevreau, à leur père Jacob, pour lui faire croire que les bêtes féroces avaient dévoré leur frère. Le jeune Joseph fut donc réduit en esclavage. La femme de Putiphar, son maître, conçut pour lui une passion criminelle; mais ayant été trompée dans son attente, elle accusa devant Putiphar le vertueux Joseph, qui fut mis en prison. D'après cet exemple que le juste ne se trouble point : Dieu descend avec lui dans les cachots, et ne l'abandonne point dans les liens.

JOSEPH *élevé en gloire.*

C'EST du sein même du malheur et de l'humiliation que Dieu tire ses serviteurs fidèles pour les élever. Joseph ayant expliqué les songes des deux officiers de Pharaon, roi d'Egypte, qui étaient en prison avec lui, l'un deux, étant rentré en grâce, parla de Joseph au roi, qui avait eu deux songes qui l'inquiétaient beaucoup. Pharaon fit venir l'esclave, et lui raconta ses deux songes. Joseph lui dit qu'ils annonçaient sept années d'abondance et sept années de stérilité, et lui conseilla d'amasser tout le blé qu'il pourrait pendant le tems heureux, pour prévenir la famine épouvantable qui le menaçait. Etonné de sa sagesse, et plein de reconnaissance pour le conseil si utile qu'il lui donnait, Pharaon crut que personne ne pouvait mieux exécuter que lui ce qui était nécessaire, et il lui donna une pleine autorité sur l'Egypte. C'est ainsi que Joseph commença d'entrer en sa gloire, et de sortir d'un état où Dieu l'avait mis d'abord pour servir de fondement à la grandeur où il voulait l'élever. Comme les humiliations ne l'avaient point abattu, sa gloire ne l'éleva pas. Il reçut également les biens et les maux de la main de Dieu, et témoigna toujours la plus grande résignation à sa volonté.

JOSEPH *reconnu par ses Frères.*

APRÈS les sept années d'abondance, la famine fut si grande, qu'elle se fit sentir en Chanaan. Jacob envoya ses enfans en Egypte pour y acheter du blé. Joseph craigant qu'ils n'eussent traité comme lui le petit Benjamin, qui était resté près de Jacob, feignit de prendre ses frères pour des espions, et retint Siméon pour prisonnier, jusqu'à ce qu'ils lui eussent amené Benjamin. Quand il l'eut vu au second voyage, il en pleura de joie, et invita ses frères à un grand festin. Il les renvoya ensuite en faisant remettre leur argent dans leurs sacs, et en faisant glisser furtivement une coupe d'argent dans le sac de Benjamin. Il fit ensuite courir après eux comme s'ils l'eussent volé; et voyant leur embarras, et surtout leur douleur, lorsqu'il parla de retenir Benjamin, il se fit reconnaître, les combla de présens, et exigea qu'ils revinssent près de lui avec leur vieux père. Pharaon leur envoya ses chariots, et leur fit une réception magnifique.

Cette histoire, mes enfans, vous démontre quelle était la douceur de Joseph, et doit apprendre à tous les chrétiens combien il est beau d'oublier les injures.

FIN.

www.ingramcontent.com/pod-product-compliance
Ingram Content Group UK Ltd.
Pitfield, Milton Keynes, MK11 3LW, UK
UKHW020417230726
13925UKWH00004B/1484